PROSPECTUS D'UN TRAITÉ GÉNÉRAL DE MUSIQUE,

Où l'on prétend rendre raison de tout ce qui appartient à cet Art.

A SOISSONS,
De l'Imprimerie de PIERRE-NICOLAS WAROQUIER, Libraire-Imprimeur, rue Saint Christophe.

M. DCC. LII.

A MADAME
DE MÉLIAND
INTENDANTE
DE LA GÉNÉRALITÉ DE SOISSONS.

MADAME,

LE Plan de l'ouvrage immense que j'ai l'honneur de vous présenter, doit intéresser la curiosité du Public par la nouveauté des recherches qu'il annonce, & plus encore par l'avantage de paroitre sous vos auspices. L'on y verra avec plaisir le Nom d'une Dame aussi respectable par son Rang, que par son mérite personnel. Que ne dirois-je point, MADAME, des graces & des agrémens extérieurs, dont la nature a pris soin de vous orner ; mais auxquels *vous ſavez préférer ce caractère aimable, qui vous rend chère à tous ceux qui ont le bonheur de vous connoitre; cette force d'eſprit, ce génie heureux, ce gout éclairé pour les Arts, ce talent pour toutes ſortes d'Ouvrages, dont vous ſavez remplir tous les momens perdus pour tant d'autres, & plus encore cette vraie modeſtie, qui augmente le prix de tous ces dons.* La Peinture *& la* Muſique, *ont toujours été vos amuſemens favoris. C'eſt pour contribuer à ces plaiſirs innocens, que je prends la liberté de vous offrir mes* Réflexions *ſur l'*Harmonie; *heureux ſi ces foibles* Eſſais *vous ſont agréables, & que vous daigniez les recevoir, comme une preuve du profond reſpect avec lequel j'ai l'honneur d'être,*

MADAME,

Votre très-humble & très-obéiſſant Serviteur, ***

PROSPECTUS D'UN TRAITÉ GÉNÉRAL DE MUSIQUE,

Où l'on prétend rendre raison de tout ce qui appartient à cet Art.

DE tous les amusemens, que les hommes ont inventés, ou pour se délasser des travaux pénibles à la nature, ou pour remplir certains intervalles de la journée, qu'on ne peut donner aux occupations graves & sérieuses, sans trop exposer sa santé, je n'en trouve aucun plus gracieux ni plus innocent que la Musique.

Le vin faisoit autrefois les délices de nos pères. Une personne n'avoit de mérite, dans un certain cercle d'hommes, qu'autant qu'elle pouvoit boire : & rien n'étoit comparable aux explois d'un buveur, qui avoit impunément défié tous les gosiers Bachiques de sa Province. Ce plaisir se seroit peut-être perpétué, s'il n'avoit été que honteux : mais les maladies, qu'il entrainoit à sa suite, n'aidèrent pas peu à le rendre méprisable. Aujourd'hui il est tombé dans un tel discrédit parmi les honnêtes-gens, que l'ivresse y passe pour une espèce d'infamie ; & qu'il est aussi indigne d'une ame bien née, d'avoir un panchant marqué pour le vin, qu'il étoit autrefois messéant de ne pas l'avoir.

Le jeu, qui paroissoit plus conforme à l'état d'un homme raisonnable, prit sa place, & succéda au vin, dans la qualité de passion favorite & à la mode. La fureur du jeu fut portée à tel point, qu'il devint l'occupation universelle; & qu'il ne fut plus permis de l'ignorer, sans passer pour singulier, Misantrope, homme de peu d'éducation & d'usage du monde. Les plus sensés voyoient cependant, mais sans oser le dire, combien cette nouvelle fureur étoit pernicieuse, & contribuoit à déranger les familles. On chercha quelques prétextes, pour se dispenser du jeu, sans cesser d'avoir la réputation de galant-homme, & de se produire sur le ton du bel air : & cette tentative ayant réussie à plusieurs, d'autres les imitèrent avec le même succès. Peu-à-peu la passion du jeu s'attiédit, & se contint dans les bornes d'un amusement de quelques quarts d'heure; au lieu que jusqu'alors elle avoit fait une occupation du jour & de la nuit.

Dans la décadence du jeu, la raison de l'homme, toujours ingénieuse à diversifier ses plaisirs, trouva un divertissement gracieux & honnête, qui put remplacer en même tems le vin & le jeu, sans en avoir les inconvéniens. Ce fut l'application à la Musique. Cet art qui jusques là n'avoit été connu que de peu de personnes, prit le dessus, & fit oublier en partie les autres amusemens. Le caractère du Musicien, qui auparavant avoit paru marquer une ame quinteuse & peu régulière, n'eut plus rien qui intimidât. On devint Musicien par choix & par raison. Ne voyons-nous pas aujourd'hui, dans les familles les mieux réglées, mettre la Musique pour une partie de l'instruction des enfans ? Une Demoiselle de la condition la plus médiocre, n'oseroit se produire dans le monde, sans avoir reçu des leçons de cette sience. N'a-t'on pas soin de les fournir de bons Maîtres, qui tirent parti de leurs dispositions? Ont-elles de la voix ? On les destine à la Musique vocale. Ont-elles l'organe rude ou désagréable ? On leur fait toucher le Clavecin, l'Épinette, le Par-dessus de Viole, &c. Les hommes ne sont pas moins actifs à cultiver cet Art. Et ne voyons-nous pas dans toutes les Villes, des assemblées publiques ou particulières, où chacun va faire montre de ce qu'il a appris?

C'est ce gout décidé pour la Musique, & qui étoit réservé pour notre siècle, qui m'engage de donner au public les réfléxions que j'ai souvent faites sur cette sience, & qui ne pourront être reçues que favorablement. Elles serviront également aux foibles & aux forts; soit qu'on veuille simplement connoître les beautés de la Musique, soit qu'on veuille en faire son amusement ou son occupation. On y trouvera dans un stile simple, naturel, méthodique, & dans un ordre nouveau, tout ce qui regarde la Théorie & la Pratique de la Musique. Tout ce que je dirai sera à la portée de chacun ; & lors même que je serai contraint de parler Physique ou Mathématique, je consulterai plus les dispositions du commun des Lecteurs, que ma propre satisfaction ; & j'affecterai un stile ordinaire & intelligible, plûtôt que de rendre les choses obscures, par des expressions savantes & trop recherchées.

Ce qui m'engagea particuliérement à entreprendre cet ouvrage, je ne le dissimulerai point, ce fut de voir avec quelle fureur on couroit après les Livres Théoriques de *M. Rameau*, qui à la vérité renfermoient beaucoup de sience & d'érudition Musicale ; qui étoient même une espèce de prodige, puisque l'invention des choses tint toujours du miracle ; mais qui ne répondoient pas assez à toute la confiance du public, qui étoit étonné, qui admiroit, & qui n'étoit instruit que médiocrement. Je souffrois encore impatiemment, que la sience de la Musique, qui avoit fait les délices de tous les siècles & de la plûpart des nations, ne fût pas digérée avec ordre, avec méthode ; qu'on nous en laissât ignorer l'origine, les progrès, les révolutions ; qu'on se contentât de nous en donner les règles & les préceptes, d'une manière sèche & stérile, comme si l'on avoit entrepris de tiranniser nos esprits, plûtôt que de les éclairer.

Il est sans doute étonnant que cet art, cultivé dans tous les pays du monde, n'ait jamais eu jusqu'à nos jours aucun Auteur qui ait su joindre à sa Théorie un air de précision, de clarté & d'ordre qui font le vrai prix des ouvrages. Ne diroit-on pas que ceux qui en ont écrit ignoroient la sience qu'ils traitoient, ou qu'ils ne la connoissoient que fort imparfaitement ? Ce n'est souvent dans leurs écrits qu'un amas de préceptes & de connoissances entassées les unes sur les autres, sans gout, sans choix : qui montrent mieux la sience de leur Auteur, peut-être même l'envie du lucre, que le dessein de se rendre intelligible. Il étoit réservé à notre tems, dont la Naissance du DUC DE BOURGOGNE fera la glorieuse époque, de mettre cette sience dans tout son jour, & d'en faire connoitre toutes les beautés.

De tous ceux qui ont traité de la Musique, *Boèce*, très-célèbre dans l'antiquité, est peut-être le premier dont nous ayons les écrits, au moins avec une espèce de méthode. Il a recueilli, avec assez d'exactitude, tout ce que les Philosophes, les Musiciens Grecs & les Auteurs anciens les plus connus, avoient écrit de cette sience, jusqu'à son siècle. Il composa V. Livres de Musique, où il est traité des Sons, de leurs Intervalles, de leurs Raports, des Consonances, des Systèmes, des Modes. On ne peut douter qu'il n'y ait beaucoup de recherches dans cet ouvrage. Mais tout y eſt d'une manière obſcure & ſans ordre : défauts auxquels il auroit ſans doute remédié, s'il eut vécu de nos jours.

S. Auguſtin nous a auſſi laiſſé VI. Livres de Muſique, voulant faire voir aux Payens de ſon tems, qu'ils n'étoient pas les ſeuls qui euſſent les beaux Arts en recommandation, & que la piété des Chrétiens étoit compatible avec les ſiences mêmes profanes. Tout ce qu'il a donné étoit peut-être bon pour ſon tems. Mais nous ne pouvons guère le regarder que comme une ébauche de Muſique, qui ne peut nous être d'aucune utilité. Nous pouvons dire la même choſe, & porter le même jugement des ouvrages de *Caſſiodore*, de *S. Iſidore* & du *vénérable Bede*, qui regardent cette ſience. Ils étoient ſavans, mais foibles & très-médiocres Muſiciens.

Guy Aretin eſt venu dans la ſuite, & s'eſt particuliérement attaché à donner les moyens de rendre le Chant plus aiſé. C'eſt à lui que nous avons obligation des Notes de la Muſique, ou plûtôt des noms qui leur ont été donnés. Mais ne doit-on pas plûtôt le regarder comme un Auteur du Plain-Chant, que comme un des réformateurs de la Muſique? Ses ouvrages ſentent le mauvais gout de ſon tems ; & ne peuvent que nous faire regretter, qu'un homme, qui avoit autant de gout que lui, pour la ſience du Chant, n'ait été guidé que par des Auteurs obſcurs & ſans méthode.

L'ouvrage que *Jean de Murs*, Docteur de Paris, a compoſé ſur la Théorie de la Muſique, n'eſt pas beaucoup plus inſtructif. Il parle des Sons, de leurs Intervalles, des Meſures, des Notes, de leurs Valeurs. Mais ce n'eſt encore dans le fond qu'un cahos impénétrable.

Franchin, *Glaréan*, *Zarlin*, & quelques Auteurs modernes, qui ont écrit ſur la Muſique, depuis deux ou trois ſiècles, ont commencé à donner du gout pour cette ſience : & l'on ſait qu'ils ont effacé tous ceux qui avoient paru. Mais il s'en falloit de beaucoup, qu'ils euſſent atteint à la perfection. Après avoir éclipſé les autres, ils ſont éclipſés à leur tour. A peine connoît-on aujourd'hui leurs ouvrages dans le temple de la Muſique. Peut-être même leurs noms ſeroient-ils inconnus, ſi les Auteurs poſtérieurs ne les avoient quelquefois cités ; bien moins pour s'autoriſer de leurs témoignages, que pour les réfuter. *Zarlin* eſt ſouvent maltraité par *M. Rameau*, qui en cela pourroit bien avoir manqué aux devoirs de la reconnoiſſance, en s'eſcrimant contre un bienfaiteur, dont il s'eſt ſervi avec avantage. Mais l'ombre de *Zarlin* n'a pas ſujet de s'en offenſer, puiſque par cette Critique, ſon nom paſſera à la poſtérité, & vivra autant que le Traité de l'Harmonie.

Les recherches que le ſavant *P. Merſenne* Religieux Minime, que le *Sr. Broſſard*, le *Sr. Maſſon* & pluſieurs autres, ont faites ſur la Musique, presque de nos jours, méritent aussi qu'on leur rende la justice qui leur est due. Ils ont commencé à débrouiller cette sience, & à lui donner de l'ordre & de la netteté. Il ne leur manquoit, que de pouvoir la rapeller à des principes simples ; & de la dégager de cette confusion de Règles & de Préceptes, qui ont fait l'embarras des Anciens ; & qui font encore celui des personnes, qui, par un amour aveugle pour l'Antiquité, aiment mieux aller à tâton avec les morts, que de suivre les lumières des vivans.

M. Ramëau est, à mon avis, de tous les Auteurs celui qui a mieux connu la Théorie de la Musique. Son traité est un Chef-d'œuvre. On s'étonnera toujours, comment un homme, distrait par mille occupations, a pu pénétrer jusqu'aux mystères les plus cachés de cette sience. Ceux qui lui rendront justice, le régarderont comme le Restaurateur de la Musique, & le Prince des Musiciens. Par le moyen d'une Basse fondamentale qu'il a imaginé, comme pour servir de base à toute la Musique, & par le renversement des Accords, qui avoit été ignoré jusqu'à son tems, il a réduit la Musique aux Règles les plus simples, les plus naturelles, & l'a délivrée de mille préceptes, ou faux ou obscurs, qui sans éclairer les Compositeurs, ne servoient qu'à leur rendre la sience dégoutante, & hérissée de mille difficultés insurmontables. Il ne lui manquoit peut-être qu'une certaine facilité d'exprimer ses connoissances ; & de les développer avec grace & méthode, pour faire de son Livre un Ouvrage parfait. Il falloit un stile aisé, naturel, enjoué; il falloit avoir fait une étude particulière de la Physique & des Mathématiques. Et comment un Artiste, tout occupé de son Clavecin, de son Orgue, de sa Musique, auroit-il pu acquérir toutes ces connoissances ?

Mon dessein, dans l'ouvrage que je vais mettre au jour, est de suppléer à ce qui manquoit à *M. Rameau*, & à ceux qui l'ont précédé : bien moins par esprit de critique & d'ostentation, que pour l'utilité du Public, qui ne peut recevoir qu'avec plaisir des réfléxions, qui échapent quelquefois aux personnes les plus savantes, & les plus versées dans les Arts.

Deux choses feront le mérite de l'Ouvrage que je prépare : l'exactitude & le désintéressement. L'exactitude sera telle, qu'il ne laissera rien à désirer. Car si après avoir cultivé la plûpart des siences avec beaucoup d'application, pendant un grand nombre d'années, je n'ai pas assez d'acquis, pour une entreprise si vaste, ce que je ne crains pas d'avouer, j'ose me flatter d'avoir trouvé dans les lumières des autres, ce qui manquoit à mes dispositions ; & d'être en état de remplir le Plan que j'ai formé. Tout ce qui avoit été écrit sur la Musique, tant par les anciens que par les modernes, est devenu mon propre fonds ; parce que travailsant pour l'avantage du Public, j'avois droit de me servir de tout ce qui lui appartenoit.

Mais j'ai trouvé un autre expédient encore plus efficace, pour conduire l'ouvrage à sa perfection, & que chacun sans doute approuvera. C'est de ne mettre la dernière main à rien, que je ne l'aie répandu auparavant dans le public, ou par le moyen des Journeaux ou par des feuilles volantes; afin de pouvoir corriger ou changer les matières, sur les avis & la critique judicieuse des personnes de l'Art. C'est ainsi qu'en usoient autrefois ces anciens Peintres qui travailloient pour la gloire & l'immortalité. Ils exposoient leurs ouvrages en public, afin de les réformer sur les jugemens des connoisseurs. Mais ils savoient péser attentivement les avis. Et *Apellès* qui recevoit avec docilité la censure qu'un Savetier portoit sur la chaussure d'un de ses portraits, s'écrioit: *Ne, Sutor, ultra crepidas*, lorsque ce même Savetier vouloit exercer sa critique sur la jambe qui n'étoit plus de son ressort. Ainsi l'ouvrage sera moins ma production propre que celle du public; puisque je ne serai que l'interprète de ses sentimens, & que je n'avancerai rien qui ne soit appuyé de son suffrage.

Il seroit à souhaiter que ce désintéressement devint universel, & que chaque Auteur fût assez généreux pour souffrir cette épreuve, avant que de se produire. Ce seroit le vrai moyen de perfectionner les ouvrages, qui ne peuvent être souvent qu'imparfaits, lorsqu'ils sortent du cabinet, sans avoir passé par cet examen. J'avoue qu'il y a du risque à s'exposer ainsi à la censure publique, & qu'il se peut faire qu'un homme qui aura sué sous le travail, perde la gloire de l'invention; parce que des plagiaires, des voleurs litteraires, semblables au geay de la Fable, se pareront des plumes du paon, & chercheront à se faire honneur d'un bien étranger. Mais ce mal n'est pas à craindre pour moi, parce que tout occupé de l'utilité du public, & lui sacrifiant mon travail & mes veilles, sans autre intérêt que de l'avoir servi, je serai toujours également satisfait, de quelque manière qu'il soit instruit. Je ne peux encore que gagner à cette épreuve; parce qu'ayant dessein de ne rien dire qui ne soit sûr & hors de doute, le public travaillant pour lui-même, se fera un plaisir de m'aider de ses lumières, & de faire remarquer les fautes qui pourroient m'échaper. J'ose assurer d'avance que je recevrai ses Remarques avec actions de graces & docilité, & que je me ferai un devoir de faire connoître les bienfaiteurs publics. Cette méthode paroîtra nouvelle: mais il étoit juste de s'en servir dans un ouvrage que l'on veut rendre parfait.

Je reviens à *M. Rameau*, pour faire connoître toute la beauté de ses ouvrages, & en même tems les défauts qui lui sont échapés, & auxquels j'ai entrepris de remédier.

M. Rameau, le premier sans contredit des Musiciens modernes, & celui des Théoristes, à qui les amateurs de Musique ont le plus d'obligation ; a fait connoître son rare talent, tant par ses Compositions, que par ses Livres Théoriques. La hardiesse des Pièces qu'il a données, tant pour les Concerts que pour l'Opéra, a d'abord tenu les esprits en suspens. On ne savoit à quoi attribuer un gout nouveau, qui paroissoit tout à la fois beau & bizare. A l'exemple d'*Hercule*, le *D. Quichotte* des Dieux de la Mythologie, le Fléau des Monstres, il avoit fait main-basse sur un tas de règles & de préceptes génans de la Musique, qui n'avoient d'autre fondement, qu'une antiquité trop respectée. Cette innovation excita la critique des uns ; mérita l'approbation des autres. Ceux qui étoient dévoués aux anciens, & portés à canoniser jusqu'à leurs défauts, lui firent un crime de s'être écarté des routes prescrites. Ceux qui voulurent examiner les choses, par les lumières de la raison, dans un tems où il étoit permis de penser par soi-même, sans s'en raporter aveuglément aux décisions des autres, lui firent honneur de ses découvertes, & publièrent qu'il étoit admirable. Il y eut long-tems un flux & reflux d'opinions au sujet de ses ouvrages. Ses Pièces étoient dans une même représentation sifflées & applaudies : la louange & la satyre, étoient continuellement aux prises : *M. Rameau* réunissoit les contraires. Ses ennemis ne pouvoient nier qu'il n'eût des morceaux d'un beauté parfaite : mais ils s'attachoient aux endroits les plus bizares, & s'en faisoient des armes pour combattre & détruire le reste. L'Auteur perça à la fin la foule de ses adversaires, & aidé du caractère des François, toujours avides de la nouveauté, il les contraignit de se taire, & d'augmenter l'honneur de ses triomphes par leur silence. Aujourd'hui les Connoisseurs n'ont plus qu'une voix : ils avouent qu'il a mérité tous les suffrages.

Ses productions Théoriques ont donné un nouvel éclat à sa réputation, & l'ont répandue dans tous les Pays, où la Musique a des partisans. Son Traité de l'Harmonie, ouvrage immense, par comparaison à ceux qu'on avoit donnés, a été reçu avec un applaudissement universel. Il le méritoit par sa nouveauté, & l'érudition Musicale qu'il contenoit. Son supplément, le Livre de la génération des Accords, muni de l'Approbation de l'Académie de Musique, & quelques autres, écrits avec un peu plus d'ordre & de méthode que le premier, rendirent sa gloire immortelle. Il ne fut plus permis d'ignorer qu'il étoit le Musicien par excellence.

Mais sans vouloir rien rabatre de la justice que le Public a rendue à *M. Rameau*, s'il est permis de hazarder mes conjectures, & de proposer mes réflexions, il me semble qu'il a quelques défauts, qui paroitront de conséquence à ceux qui estiment la valeur des choses, sans se laisser trop prévenir. Il manque, si je ne me trompe, par le stile, par la méthode, par l'éxactitude. Son stile est dur, sec, stérile; il instruit sans égayer, il parle à l'esprit sans remuer le cœur, il ne sait point délasser à propos l'attention de ses Lecteurs, par des Episodes curieuses, par quelques traits de l'Histoire, qui les réveillent, & les disposent à être plus attentifs. Sa méthode est de n'en point avoir. Il parle des matières à mesure qu'elles se présentent. Son Traité de l'Harmonie, qui renferme tous les secrets de l'Art, est une espèce de Bibliothèque Musicale, où tous les Livres sont rassemblés par tas, sans être distribués en différentes Classes, avec leurs étiquettes propres. Toutes les Parties sont à la vérité des matériaux précieux, préparés pour un bel édifice ; mais qui attendent l'ordre & la main de l'Architecte, pour être placés avec grace & symmétrie. C'est un dessein confus de différentes Pièces, que le hazard a rassemblées. De-là mille répétitions, souvent ennuyeuses, que l'Auteur auroit évitées, s'il avoit été plus Géomètre dans l'arrangement de ses matières. Je ne parlerai de son inéxactitude, qu'après avoir donné le précis de son Systême.

Le fonds du Systême de *M. Rameau* est, que toute la Musique est fondée sur l'harmonie; que c'est elle qui donne la naissance à tout ce qui peut être renfermé dans le Chant, soit pour la voix, soit pour les instrumens. Il prouve son principe par des expériences souvent réitérées, qui démontrent que dans un Son quelconque, sont renfermées sa Tierce, sa Quinte, & généralement toutes ses Consonances. Ce principe conduit naturellement à la Modulation; où, lorsqu'on a fait entendre un Son, on parcourre sans difficulté ceux qui sont contenus dans son Harmonie. Cette Modulation doit être toujours appuyée sur le principe qui l'a fait naître, & ce principe est ce que *M. Rameau* apelle la Basse fondamentale. Cette Basse ne se meut naturellement, que par Quinte ou par Quarte, soit en montant, soit en descendant : elle suit dans sa course les parties de cette progression continue Géométrique, 1. 3. 9. 27. 81. &c. Voilà l'origine des Intervalles & des Accords, qui se trouvent entre les différentes parties de Musique. Car cette Basse, en suivant cette progression, ne peut jamais porter que des Accords Parfaits, ou des Accords de Septième : Accords Parfaits, lorsqu'elle est considérée comme Note Tonique ; Accords de Septième, lorsqu'elle est considérée comme Dominante. Ainsi tout Accord, raporté à son fondement, est nécessairement ou Accord parfait ou Accord de Septième. De sorte que la Basse fondamentale est une Pierre de Touche, par laquelle on juge de la bonté des Accords, qui ne peuvent être bons, que lorsqu'ils conviennent

nent avec leur Basse fondamentale. Voilà tout le Systême de *M. Rameau*, sous un point de vue ; & j'avoue qu'il est parfait, lorsqu'on le considère dans cette perspective.

Mais lorsqu'il veut le déveloper, c'est-là qu'il manque quelquefois d'éxactitude. Il en manque même dans la Pièce qui fait la Base de son Systême ; d'où il s'ensuit, qu'il n'a pu souvent aller qu'à tâton dans les choses qui en dépendoient. La Pièce fondamentale du dévelopement de son Systême, étoit de faire voir que tous les raports des Sons de la Musique, étoient fondés sur cette proportion continue Arithmétique, 1. 3. 5. qui, selon lui, revient à la proportion Harmonique, 5. 3. 1. Il l'a entrepris avec quelque succès, par une Table de progressions, où la double, comme 1. 2. 4. 8. 16. &c. 3. 6. 12. 24. &c. 5. 10. 20. 40. 80. &c. donne les Octaves ; où la triple, comme 1. 3. 9. 27. 81. &c. donne les Quintes ; où la quintuple, comme 1. 5. 25. 125. &c. donne les Tierces majeures. Mais quoique cette Table ingénieuse soit regardée par plusieurs, comme un Chef-d'œuvre de l'Art, comme un miracle & un prodige de l'esprit humain, je ne peux la regarder avec le même étonnement. J'y trouve deux défauts essenciels. Le premier, c'est que la progression triple met entre les différens Sons, des Intervalles beaucoup plus considérables qu'ils ne doivent être. On le voit d'une manière fort sensible dans l'*Ut* ⁂⁂ de la première colomne, qui n'étant qu'une réplique ou Octave de l'*Ut* ⁂⁂ de la huitième colomne, exprimé par le nombre 78125. ne devroit être qu'au nombre 20971520000000. au lieu qu'il est à 22876792454961. qui le met la valeur de sept Commats majeurs, c'est-à-dire, près d'un Ton au dessus de sa place naturelle. Et comment voulez-vous que dans une Table, où presque tous les nombres sont enflés, un Musicien puisse découvrir le raport, qui est entre différens Sons ? Il est vrai que *M. Rameau* avertit par ses Lettres minuscules Alphabétiques, que les nombres sont enflés, & de combien de Commats. Mais cet avertissement ne guérit point le mal. Le Musicien n'est pas assez habile ordinairement, pour faire la déduction des Commats superflus : & quand même il pourroit la faire, ce ne seroit qu'avec un travail fatiguant & ennuyeux, dont il se dispensera toujours ; l'embarras du calcul le faisant renoncer aux avantages de la Table.

Le second défaut, c'est que *M. Rameau* n'a donné la progression que des Tierces majeures, & n'a fait aucune mention de la progression par Tierces mineures, qui n'est pas moins essencielle que l'autre, dans la Musique, pour faire connoitre tous les raports des Sons. Ainsi cette Table si vantée, ne fait que la moitié de l'ouvrage & la fait imparfaitement.

Je rendrai dans mon Livre la justice qui est due à la Table de *M. Rameau*, en la raportant pour la progression des Tierces majeures. Mais je rectifierai ce qu'elle a de défectueux, par trois autres Tables. Dans la première, je réduirai les nombres enflés à leur juste valeur, ce qui sauvera aux Musiciens l'embarras des calculs & la déduction des Commats superflus. Dans les deux autres, j'entreprendrai la progression des Tierces mineures, par une progression continue Géométrique, qui avoit échapé à l'Auteur du Traité de l'Harmonie, ou qu'il n'avoit osé entreprendre, à cause de la difficulté des calculs par fractions; & je les réduirai le plus près qu'il sera possible de l'unité, pour rendre la progression plus sensible. Ainsi les Musiciens verront du premier coup d'œil, les raports des différens Sons, sans avoir la peine de calculer ni de déduire.

M. Rameau passe assez légérement sur la formation des Intervalles de Musique & des Accords: & lorsqu'il veut s'arrêter, ce n'est presque toujours que sur ceux qui sont en Naturel ou en Dièze, rarement sur ceux qui sont en Bémol. C'est une suite de l'imperfection de sa Table. Car celle-ci ne raportant la progression que des Sons naturels ou diézés, il ne pouvoit aussi s'en servir, que pour ces sortes de Sons. Au lieu que les Tables de progressions par Bémol, ajoutées à celle des Dièzes, me donnent tous les Intervalles & tous les Accords possibles, sans que j'aie besoin d'autre chose, pour faire un dénombrement complet. Aussi verra-t'on que j'ai épuisé la matière; & qu'on ne peut porter les choses à un plus grand détail. J'ai fait l'anatomie & la dissection de chaque Intervalle & de chaque Accord. J'ai fait connoitre toutes les parties, dont ils étoient composés. J'ai même donné une division de la Gamme par Commats majeurs & mineurs, portant ainsi la division des Intervalles une fois plus loin, que ne l'avoient porté les Grecs, dans leur Systême Théorique enharmonique, qui proposoit une division de la Gamme par quarts de Ton.

Ce que *M. Rameau* dit des Accords, n'est point encore éxact. Il a porté trop loin son principe, que tout Accord est Parfait ou de Septième. Il est tombé dans le défaut que plusieurs ont reproché au savant Auteur du Spectacle de la Nature, qui dans son Histoire du Ciel, ayant voulu raporter l'origine de tous les Dieux du Paganisme aux Hiérogliphes, & aux anciens caractères des premiers Peuples, nous a quelquefois donné des étymologies & des origines, qui paroissent éloignées de la vraisemblance. Ainsi *M. Rameau* voulant raporter absolument tous les Accords aux Parfaits & à ceux de Septième, a trouvé à la vérité un principe lumineux, qui est le Renversement des Accords, & leur raport au Son fondamental: mais qui ne devoit être porté, que jusqu'à certain point, & qu'il falloit abandonner, quand on vouloit passer au delà. Il a senti lui-même l'embarras, lorsqu'il a fallu parler des Accords de la Septième diminuée, de la Seconde superflue ; de la Neuvième, de la Onzième, &c. Constant dans son principe, & n'en voulant rien relâcher, il apelle les deux premiers, *Accords par emprunt*, & les deux suivans, *Accords par supposition*. Ces termes nouveaux, qui, à proprement parler, ne signifient rien, & qui ne sont dans le fond qu'un faux brillant qui éblouit, font assez connoître la difficulté qu'il avoit, de conserver son principe dans ces espèces d'Accords.

Il me paroissoit plus simple de dire qu'il y avoit deux sortes de Musique : l'une naturelle, & l'autre artificielle. Que dans la Musique naturelle, telle qu'on la trouve dans *Lulli*, dans *Campra*, on n'employoit que les Accords les plus naturels, comme le Parfait, ceux de Sixte & de Sixte-quarte ; ceux de la Septième, de la petite & grande Sixte, du Triton, de la fausse Quinte &c. & que dans tous ces Accords le principe étoit incontestable, & ne souffroit aucune exception. Que dans la Musique artificielle, qui dépendoit plûtôt du génie & du caprice des Auteurs, que de la belle nature, on employoit les autres Accords. Mais que tous ces Accords, étant comme autant de licences, il n'étoit pas étonnant qu'ils ne suivissent plus le même principe. En effet, tous ces Accords que *M. Rameau* apelle *par emprunt & par supposition*, ne sont que pour tenir un moment l'Harmonie en suspens, après quoi ils rentrent dans la route des Accords naturels. Quel inconvenient y avoit-il de dire, qu'ils se déroboient un instant du principe, pour y rentrer incontinent après ? C'est ce que j'ai fait dans mon Livre. J'ai admis le principe de *M. Rameau*, pour les Accords naturels : savoir, qu'ils sont tous ou Parfaits ou de Septième. Mais j'ai abandonné ce principe pour les Accords de caprice & d'imagination, qui dans le fond ne sont que des licences ; quoiqu'ils produisent souvent un bon effet, lorsqu'ils sont employés à propos.

M. Rameau dans le dénombrement des Accords, qu'il nomme *par supposition*, & qu'on pourroit plûtôt nommer *par souspsition*, ne parle que de celui de Neuvième & de celui de Onzième. Je voudrois savoir pourquoi il n'a pas mis celui de Treizième, qui dans le calcul des Accords devoit assurément tenir sa place ; quoique personne n'en ait jamais parlé. Car, selon lui, l'Accord de Neuvième est celui où l'on met un Son une Tierce au dessous de la Basse fondamentale : & l'Accord de Onzième, est celui où l'on met un Son une Quinte au dessous de la même Basse fondamentale. Or il est évident, qu'on peut mettre aussi dans un Accord un Son, qui soit une Septième au dessous de la Basse fondamentale, aussi aisément, qu'on peut y mettre une Tierce ou une

Quinte. Voilà donc l'Accord de Treizième, que l'on ne peut retrancher des licences Musicales, sans manquer d'exactitude. Aussi ai-je mis cet Accord à la suite des autres, en faisant observer combien il étoit dur, & avec quelle précaution il falloit s'en servir.

La Basse chiffrée, dont on se sert pour la partie du Clavecin, a fait encore le sujet de nos réfléxions. *M. Rameau* l'avoit laissé passer avec la plûpart de ses imperfections. Les Accompagnateurs ne pouvoient distinguer dans ses chiffres, comment il falloit former les Accords. Plusieurs se confondoient par les mêmes caractères. Tout y étoit confus & embarrassant. J'ai trouvé une méthode, où en se servant des caractères ordinaires, on distingue aisément les uns des autres, tous les Accords différens, qui peuvent être employés dans la Musique. On y voit en même tems, de quel Accord fondamental ils dérivent, quelle est leur nature, & de quels Sons ils doivent être remplis.

Mais le plus grand défaut que je trouve dans l'Auteur du Traité de l'Harmonie, c'est d'avoir imité les Maitres d'Armes, qui gardent toujours pour eux une Botte secrette, & qui n'apprennent à leurs Élèves qu'une partie de leur Sience. *M. Rameau* étoit en état de faire d'habiles Compositeurs, lui qui manie toute la Musique à son gré: il n'avoit qu'à leur apprendre ce qu'il pratique lui-même avec tant de succès. Mais il n'a voulu les mettre que sur les voies de la Composition, & a gardé pour lui son secret. Les règles de Composition qu'il débite dans ses ouvrages, ne sont que l'Alphabeth de la Composition. Loin d'épuiser la matière, il ne fait que l'effleurer. Il parle tantôt d'un Accord, tantôt d'un autre. Ici il donne des règles, pour la modulation; là il traite de la Composition à deux ou plusieurs parties. Son ouvrage est un corps, dont tous les membres sont disloqués, & n'ont que peu ou point de liaison. La vraie manière de traiter de la Composition, & de faire un ouvrage suivi, étoit d'enseigner toutes les manières possibles de moduler, de faire les Accords, de les employer; soit qu'on compose à deux Parties, à trois, à quatre ou plusieurs. C'est ce que je fais dans mon Livre; & quoique je n'aie pas les talens supérieurs de *M. Rameau*, j'ose me flatter, que ceux qui veulent faire du progrès dans la Composition, en apprendront plus par la lecture que je leur présente, que par les ébauches que ce savant Praticien leur a laissé.

Voici donc le Plan que j'ai formé & que je me flatte de remplir.

Le Traité Général de Musique, sera renfermé dans deux gros Volumes *In-quarto*, enrichis de quantité de Planches en Taille-douce, pour expliquer les choses qui ne pourront être comprises, qu'à l'aide des

Figures, qu'on aura sous les yeux. Le premier Volume contiendra la Théorie de la Musique ; le second renfermera la Pratique.

Le premier aura en tête une Dissertation Historique sur l'origine, l'antiquité & l'excellence de la Musique. Ensuite il sera distribué en X. Chapitres, qui renfermeront exactement toutes les parties de la spéculation.

Le Chapitre I. parlera du Son en général. Tout y sera traité Physiquement. On y verra comment le Son est formé dans le Corps Sonore : comment il se transmet, par le moyen d'un Corps fluide : comment il est reçu dans l'Organe de l'ouie : comment il fait impression sur notre ame.

Le Son, lorsqu'il peut être apprécié, & qu'on peut le comparer avec d'autres, est apellé *Ton*; & ses différentes combinaisons font l'objet de la Musique. Ce Son ainsi considéré, est le sujet du Chapitre II. On y fait connoître quelle est la nature des Tons de la Musique, quelle est leur origine ; combien il faut en distinguer : comment on les a exprimés par différens caractères, qu'on apelle *Notes* : & comment on les a jointes, pour former ce que nous nommons la *Gamme* de la Musique. On raporte ici les Systèmes, qui ont été en vogue sur la Gamme : savoir, celui des anciens Grecs, qui n'étoit qu'ébauché ; celui des Grecs postérieurs ; celui de *Guy Arétin*, & celui dont nous nous servons aujourd'hui.

Les Notes de la Musique, ou les Tons rassemblés en une Gamme, dont on peut faire des milliers de combinaisons, ne sont pas tous égaux : les uns sont plus graves, les autres plus aigus. L'espace compris entre un Ton grave & un Ton plus aigu, se nomme *Intervalle* ; c'est le sujet du Chapitre III. Nous y raporterons un calcul éxact de tous les Intervalles possibles, tant de ceux qui servent dans la mélodie, que de ceux qui ne sont d'usage que dans l'harmonie. On y trouvera une anatomie complette de tous ces Intervalles, avec toutes les Parties sensibles qui les composent. Et nous mettrons à la fin une Table de tous les Tons en Naturel, en Dièze & en Bémol ; avec toute leur Octave & tous les Intervalles justes, superflus ou diminués, qui peuvent y être compris. Tout ceci est démontré Géométriquement.

Ces mêmes Tons étant unis plusieurs à la fois, sont ce qu'on apelle des *Accords* ; & c'est le sujet du Chapitre IV. On y raporte tous les Accords possibles, qui peuvent résulter de la combinaison des sept Notes ou Tons de la Musique ; sans s'embarrasser, s'ils sont praticables ou non ; parce qu'on se charge en chemin faisant, de faire connoitre ceux qui sont d'usage, & ceux qui ne le sont pas. On explique leur origine, la manière de les former, les parties qui les composent. Tout est démontré Mathématiquement. L'on fait voir que tous les Accords naturels, ne sont que des Accords Parfaits ou de Septième, directs ou renversés; & que les Accords artificiels, que nous avons dit dépendre du caprice & de l'imagination des Compositeurs, ne sont aussi que des Accords Parfaits ou de Septième, auxquels on a altéré un Ton, ou auxquels on a ajouté quelque Ton étranger & surnuméraire.

Les sept Tons ou Notes de la Musique, étant arrangés à la suite les uns des autres, font un Chant. C'est ce qu'on apelle la *Modulation* ou les *Modes*, & qui fait la matière du Chapitre V. On y fait voir l'origine de la Modulation. On y explique tous les Modes des anciens, qu'on réduit à deux, le Majeur & le Mineur, que l'on traite avec beaucoup d'exactitude. On raporte toutes les manières possibles de moduler, soit que l'on demeure dans le même Mode, soit que l'on passe d'un Mode à un autre. On démontre par le Chant d'un homme, qui n'a d'autre connoissance de la Musique, que celle qu'il a reçue de la nature, que toute la modulation est fondée sur l'harmonie, & sur la progression triple continue Geométrique 1. 3. 9. 27. 81. &c. de la Basse fondamentale.

Le Chant doit avoir sa médiation, sa finale; certains endroits où il s'arrête; certaines chutes où il fait mieux sentir l'harmonie, où il en rassemble toute la beauté. C'est ce qu'on nomme *Cadences*, dont on parlera dans le Chapitre VI. On y trouvera toutes les espèces possibles de Cadences; la parfaite, l'irrégulière, celle qui est interrompue ou évitée; & toutes les manières possibles de les pratiquer, soit dans le milieu d'un Chant ou dans sa conclusion.

L'ame du Chant, c'est la Mesure, qui donne la juste valeur aux Tons, & qui les fait suivre le mouvement qui leur est propre. C'est le sujet du Chapitre VII. On y fait voir qu'il y a une certaine Mesure fondamentale & unique, dont toutes les autres ne sont qu'une dérivation. On explique toutes les différentes espèces de Mesure, & l'on enseigne comment & pourquoi elles conviennent à certaines Pièces plûtôt qu'à d'autres. Tous les caractères différens des Pièces de Musique appartiennent encore à ce Chapitre, & y sont détaillés assez au long.

La Mesure & les Notes font une partie de la Musique: mais elles ne suffisent pas pour la rendre parfaite. Il faut encore connoître la valeur de chaque Note en particulier; la manière dont elle est liée ou séparée des autres; de combien elle est grave ou aigue; de quels agrémens elle est susceptible. Toutes ces choses se marquent, par des mots, ou par des signes arbitraires. Ce sera la matière du Chapitre VIII. Nous y parlerons des Clefs, des Dièzes, des Bémols, des Pauses; de la Valeur des Notes, de leurs Liaisons, des Tremblemens, des Ports-de-voix & de tous les Signes dont on a coutume de se servir dans la Musique.

Le Chapitre IX. sera celui des Licences. On démontrera que les choses qui paroissent bizarres dans la Musique, ne sont point pour cela à rejetter: qu'au contraire elles réveillent l'attention des Auditeurs, & les disposent à recevoir une suite de Chant, qui, sans cette bigarrure, n'auroit qu'une beauté médiocre. Mais nous ferons voir en même tems les choses qu'il faut absolument éviter: & ce sera le lieu de parler des fausses Relations.

Enfin le Chapitre X. & dernier, traitera des Parties qu'on emploie pour l'exécution de la Musique; c'est-à-dire, des Voix & des Instrumens. On y fera voir, d'une manière fort détaillée, comment le Son se forme, soit dans l'Organe de celui qui chante, soit dans les Instrumens. On y raportera toutes les espèces de Voix différentes, & tous les Instrumens qui ont été anciennement en usage, ou qui servent encore aujourd'hui. Ce Chapitre ne sera point le moins curieux. Il pourra servir également aux Luthiers, qui, dans l'exercice de leur Art, ont bien moins de Théorie, que de routine; & à ceux qui voudront acheter des Instrumens, & n'être pas les dupes de ceux qui les débitent.

Le second Volume, destiné à la Pratique de la Musique, aura en tête une Dissertation sur les Compositeurs anciens & modernes, & sur le caractère propre des Musiques de différens Pays. On n'y dira rien qui ne soit appuyé sur les suffrages des Connoisseurs. C'est-là particuliérement que je serai l'Interprète du Public. Il auroit été trop dangereux de s'attribuer l'autorité, de porter un jugement sur les personnes vivantes, qui ont chacune leurs Partisans & leurs Sectateurs. Au lieu que n'étant que l'organe du public, les Auteurs du bas étage n'ont qu'à s'en prendre à eux-mêmes, s'ils n'ont pas eu assez de modestie, pour enfouir des talens trop médiocres; ni assez de sience, pour se mettre à couvert de la critique. Cette Dissertation ne peut porter aucun préjudice aux bons Auteurs: au contraire, ils seront charmés qu'on rende justice à leur mérite, & qu'on le fasse paroitre au grand jour. Les autres seroient mal reçus à se plaindre de la censure. Après avoir ennuyé le public, n'est-il pas juste qu'ils soient punis en quelque sorte de leur témérité? L'on trouvera même que les Musiciens se vangent trop chrétiennement, puisqu'ils se contentent de sifler ceux qui se sont enrichis à leurs dépens. L'avantage le plus singulier que l'on retirera de cette Dissertation, & qui est mon principal but, (car la Critique n'a jamais été mon défaut,) c'est, que par son moyen l'on sera en état de faire un choix de Livres, & de n'avoir rien qui ne soit marqué au coin de la bonne Musique.

Ce Volume sera divisé en deux parties. La première enseignera la Composition; la seconde enseignera l'Éxécution. Pour l'une & l'autre, on supposera un Sujet qui n'ait aucune teinture de Musique; sans autres dispositions que celles qu'il a aportées en naissant; c'est-à-dire, une conception aisée, & des organes bien disposés. On entreprendra de le conduire par tous les dégrés de la Composition & de l'Éxécution.

Dans la première partie, on donnera une solution éxacte de tous ces problèmes; 1. Composer une Basse fondamentale. 2. Composer une Basse continue. 3. Composer un dessus, ou quelque autre partie supérieure. 4. Composer en quatre parties une Harmonie, où il n'y ait aucunes dissonances. 5. Composer à quatre ou cinq parties, une Harmonie où l'on fasse entrer toutes les dissonances. 6. Faire une Basse fondamentale ou continue sous un Dessus donné. 7. Faire un Dessus, ou quelque autre partie supérieure sur une Basse donnée. 8. Composer à deux parties. 9. Composer à trois parties. 10. Composer à cinq parties & plus. 11. Composer des Pièces en toutes sortes de Mesures, & en toutes sortes de caractères. 12. Pratiquer dans la composition le dessein, l'imitation, & la fugue. 13. Composer pour toutes sortes de Parties Chantantes. 14. Composer pour toutes sortes d'instrumens.

Dans la seconde Partie, on enseignera, avec beaucoup d'ordre & de méthode, tout ce qui appartient à l'Éxécution de la Musique, ou vocale ou instrumentale. On s'étendra particulièrement sur la Voix, & sur les Instrumens les plus en usage, comme l'Orgue, le Clavecin, la Basse-de-Viole, le Violoncelle, le Dessus & le Par-dessus de Viole, le Violon, la Flute, le Hautbois, le Basson, &c. On a consulté & l'on consultera encore les plus habiles Maîtres, chacun dans son espèce, pour ne rien donner au Public, qui ne soit dans sa perfection. Toute cette Partie sera divisée par Leçons, qui seront arrangées si naturellement, que les choses les plus aisées, conduiront insensiblement aux plus difficiles; & que les premières Leçons, seront comme un acheminement pour les suivantes.

Voilà l'ordre & la disposition de tout l'Ouvrage. Il ne me reste plus qu'à donner une idée du stile qu'on y emploira. Il n'a dû être ni si rélevé, qu'il devînt inintelligible au commun des Lecteurs; ni si rampant, qu'il dégoutât ceux qui aiment une diction fleurie & récherchée. J'ai évité également les deux extrêmes. Les matières Historiques y sont traitées d'une manière enjouée, récréative, qui amuse & instruit tout à la fois. Les matières Physiques sont parsemées d'expériences & de recherches, qui réveillent l'attention, & qui flattent la curiosité en instruisant. Les matières Mathématiques, qui n'étoient pas susceptibles de cet enjouement, sont traitées avec une netteté & une précision qui dédommage

mage de leur sécheresse & de leur aridité. Enfin les préceptes sont bien moins ceux d'un Pédagogue ou d'un Régent, qui ne parle que par Monosyllabes, & la Férule à la main, que ceux d'un homme en bel humeur, qui égaie ses écoliers, lorsqu'il les enseigne, & qui prend un visage serain, & un ton badin pour mieux persuader.

J'en raporterai pour exemple ces paroles, qui seront dans le Chapitre II. du premier Volume, pour prouver qu'il ne peut y avoir que sept Tons ou Notes dans la Musique. Je raporte cette exemple entre mille autres, qui n'ont ni moins d'enjouement, ni moins de recherches, ni moins de solidité.

Les Musiciens pratiquent tous les jours les sept Notes de la Musique. «
Cependant s'il falloit démontrer qu'il ne peut y en avoir, ni plus, ni «
moins dans la Gamme, & rendre raison de leurs inégalités ; pourquoi «
ici un Ton plein, pourquoi là un Semiton ; pourquoi l'une s'avance en «
Géant, l'autre en Pygmée ; plusieurs seroient embarrassés. «

Dire que ce soit un effet arbitraire de l'invention des hommes, c'est «
moins résoudre la question, que s'embarrasser davantage. Car les hom- «
mes, dans ce qu'ils inventent, n'ont pas coutume de s'accorder una- «
nimement : au lieu qu'ils sont parfaitement d'accord sur le nombre des «
Notes. Les hommes, dans ce qu'ils inventent, s'attachent pour l'ordi- «
naire aux comptes ronds. C'est ainsi qu'ils ont divisé les calculs par «
dixaines, par centaines, par milliers, quoique le Sr. Boulanger, Au- «
teur moderne, ait démontré dans son Traité de l'Arpentage, qu'on «
auroit eu plus de raison de diviser les nombres par 8. par 80. par 800. «
au lieu de 10. de 100. de 1000. Parce que cette division, à laquelle «
il rapelle aisément tous les calculs de l'usage ordinaire, nous auroit «
sauvé les fractions génantes, qui font souvent l'embarras des Calcula- «
teurs. Mais où est le compte rond dans le nombre des Notes de la «
Musique ? Les hommes enfin, dans ce qu'ils inventent, suivent presque «
toujours certaines proportions, ou Arithmétiques, ou Géometriques. «
Le jeu *de la Merelle* très-ancien, & dont *Ovide* lui-même a parlé, «
suit la proportion Arithmétique : Il y a 1. Jeu, 3. Rangs ; 6. Pieces «
dont on se sert ; 9. Cases où on les place. Nous voyons encore le «
1. 3. 6. 9. dans le Jeu de Quilles. Celui de Piquet suit la proportion «
Géometrique double. Il y a 1. Jeu, 2. Joueurs, 4. Couleurs dans les «
Cartes ; 8. cartes de chaque couleur, 16. cartes, dont chacun peut «
disposer en comptant les huit du talon : car il me paroît que la liber- «
té qu'a le premier en main, de prendre cinq cartes, est une inno- «
vation dans ce Jeu ; enfin 32. cartes en tout. Mais cette Proportion «
ou Arithmétique ou Géometrique, ne se découvre pas aisément dans «

» les Notes de la Musique ; & nous ne l'entrevoyons qu'après des médi-
» tations infinies.

» Ainsi, si les hommes avoient inventé les Tons de la Musique, il » semble qu'ils auroient suivi à peu près une semblable division, & qu'ils » auroient procédé ou par des mêmes Intervalles, ou par des raports » égaux. Pourquoi n'avoir pas fixé les Notes au nombre de 8. Quatre » Notes auroient donné la moitié de la Gamme ; deux en auroient don- » né le quart ; six auroient donné les trois-quarts ; & tous les Tons » auroient été dans de justes proportions. Mais le ridicule & la caco- » phonie d'une telle invention, nous prouve que la Musique n'est pas » un effet arbitraire de l'industrie des hommes ; & qu'elle a son fonde- » ment dans la nature, qui suit peut-être elle-même dans ses opérations » différentes, les proportions de la Musique.

» On ne peut douter que le nombre de 7. ne soit consacré dans la » nature. Sans parler des mystères, que les Dévots trouvent dans ce » nombre ; & des années climatériques, qui vont toujours de 7. en 7. » & changent autant de fois notre tempérament & nos inclinations, se- » lon l'opinion vulgaire, vraie ou fausse : ne sait-on pas que la plûpart » des Instrumens des Anciens, qui ont mieux étudié la Nature, étoient » composés de 7. Cordes ? Le Berger *Corydon*, dont parle *Virgile*, » dans sa 2. Églogue, avoit un Instrument composé de 7. Tuyaux, qui » rendoient autant de Tons ;

» *Est mihi disparibus septem compacta cicutis*
» *Fistula.* ——————

» Et dans le Livre VI. de son Énéide, il fait mention d'un Grand- » Prêtre, qui faisoit entendre les 7. Tons, tant de la Voix, que sur » un Instrument, où les doigts & l'archet étoient également nécessaires ;

» *Obloquitur numeris septem discrimina vocum ;*
» *Jamque eadem digitis, jam pectine pulsat eburno.*

» *Horace* dans la seconde Ode de son Livre III, se glorifie de savoir » faire résonner les 7. cordes de sa Lyre ;

» *Tuque, Testudo, resonare septem callida nervis.*

» *Homère* lui-même, le plus ancien des Poëtes Grecs, & le plus célè- » bre d'entre eux en avoit fait mention, long-tems auparavant, dans » un Hymne consacré à *Mercure.*

» Ἑπτὰ δὲ συμφώνους οἴων ἐτανύσσατο χορδάς.

C

Ne sait-on pas encore par les différentes observations du fameux « *Neuton*, que les rayons colorés sont au nombre de 7. Ce qui a donné « occasion au *P. Castel* d'imaginer un Clavecin de couleurs, qui devoit « faire sur la vue les mêmes impressions, que la Musique fait sur nos « oreilles. Ne sait-on pas que tous nos jours vont par Semaines, c'est- « à-dire, de 7. en 7. & que les Planètes principales, qui roulent dans « notre tourbillon, sont au nombre de 7 ? Et combien de clarté ne ré- « pandroit pas sur cette question, l'opinion des anciens, qui ont cru « que ces mêmes Planètes faisoient entre elles un concert perpétuel, par « les raports de leurs distances ; & que ce fut sur ce principe que les « premiers hommes, plus au fait que nous de la connoissance des As- « tres, ont fondé les proportions de la Musique ? «

Milton, dans un ouvrage, où l'on admire autant le feu de son ima- « gination, que la force du génie, nous a donné une Peinture de cette « Musique, où toute la nature est employée. Les Planètes en sont les « sept Notes. Le Tonnerre est la Pédalle d'un Orgue céleste, où les « vents tiennent lieu de souflets. L'Arc-en-Ciel lui-même est l'archet d'un « instrument sonore, autour duquel toutes les Puissances de l'Air & des « Cieux sont rassemblées, pour former différens Chœurs, & réunir tous « les charmes de cet art merveilleux. «

Cette doctrine des anciens, que je ne raporte que comme une « espèce de rêve, auroit peut-être quelque vraisemblance, si l'on con- « noissoit à fond toutes les proportions que les Astres gardent dans « leurs mouvemens. En effet, si nous supposons le Soleil, suivant le « Système de *Copernic*, pour le Son fixe & fondamental de notre Mu- « sique ; ne trouverons-nous pas la Seconde dans Mercure ; la Tierce « dans Vénus ; la Quarte dans la Terre accompagnée de la Lune ; la « Quinte dans Mars ; la Sixte dans Jupiter ; & la Septième dans Satur- « ne ? Il y a plus. C'est que nous trouverions peut-être encore dans « cette Musique céleste, toutes les nuances de nos différens Tons. « Mercure, tantôt plus près, tantôt plus éloigné du Soleil, nous donne- « roit les nuances de la Seconde ; qui seroit diminuée dans sa Périhé- « lie, & superflue dans son Aphélie. Vénus dans ses différentes distan- « ces du Soleil, donneroit tantôt la Tierce mineure, tantôt la Tierce « majeure. La Terre, avec son tourbillon particulier, donneroit la Quarte « diminuée, dans son voisinage du Soleil ; & le Triton ou Quarte superflue, « dans sa distance la plus grande. Mars, après avoir été Quinte juste, « en son lieu naturel, deviendroit fausse Quinte ou Quinte superflue, en « s'en éloignant. Jupiter, ennuyé de la Sixte majeure, deviendroit « Sixte mineure, en s'approchant de nous. Enfin Saturne changeroit sa «

» Septième en superflue ou en diminuée, selon qu'il s'approcheroit ou » s'éloigneroit du centre commun. Mais tout ceci n'est que conjectures, » & ne persuadera, que lorsque d'habiles Astronomes les auront vérifiées.

» Il faut donc chercher une autre origine des sept Notes de la Musi- » que, qui soit moins équivoque, & plus capable de nous éclairer. Or » je la découvre dans la nature même des Sons : & pour mettre les cho- » ses dans le plus haut dégrés d'évidence, je joins ici les expériences » de la Physique, aux certitudes Mathématiques. Tout concourt à faire » une démonstration, &c. «

Ici l'on fait une démonstration, qui ne laisse rien à desirer. Mais ce que j'ai raporté suffit pour donner une idée du stile, qui sera employé dans cet Ouvrage.

Il ne me reste plus qu'à avertir, que j'ai trouvé un moyen facile de ne pas ennuyer ceux à qui mon Livre s'adresse, sans rien omettre de ce qui est essenciel à la Matière que je traite. Les Astériques ou marques en forme de petites étoiles, en feront l'affaire. Tout ce qui n'est nécessaire, qu'à ceux qui veulent posséder toute la Sience de la Musique, sera renfermé sous une suite de ces Astériques, disposés perpendiculairement vers la marge du Livre : & pourra être négligé par ceux, qui ne cherchent qu'une teinture de Musique, & une connoissance superficielle des beautés qu'elle renferme.

Je n'ai pas jugé à propos de mettre mon Nom à la tête de ce Plan. S'il est du gout du Public, je me ferai connoître dans la première Feuille volante, & je prierai les Connoisseurs de m'aider de leurs lumières, pour un Ouvrage, qui fera honneur à la Nation Françoise, dont je ne veux être que l'Organe.

FIN.

APPROBATION.

J'AI lu par l'ordre de Monseigneur le Chancelier, le *Prospectus d'un Traité General de la Musique, où l'on prétend rendre raison de tout ce qui appartient à cet Art*; & je n'y lai rien trouvé qui doive en empêcher l'Impression. Fait à Paris le cinq Décembre 1751.

PHILIPPE DE PRÉTOT.

www.ingramcontent.com/pod-product-compliance
Ingram Content Group UK Ltd.
Pitfield, Milton Keynes, MK11 3LW, UK
UKHW022155260726
13993UKWH00005B/2386

9 782019 991753